PROCÈS-VERBAUX

ET

RÉFLEXIONS

A l'occasion de la Section de la Simphyse.

ANALYSE

DE TROIS

PROCÈS-VERBAUX

FAITS à l'occasion de l'Opération de la
Simphyse sur la femme *VESPRES*.

AVEC

DES RÉFLEXIONS

SUR ces Procès-verbaux & sur cette Opération.

PUBLIÉE

PAR M. SIGAULT, Docteur-Régent de la Faculté
de Médecine de Paris, Associé de l'Académie des
Sciences & Belles-Lettres de Dijon, Médecin-Ac-
coucheur, Pensionné du Roi, &c.

A PARIS,

De l'Imprimerie de QUILLAU, Imprimeur de la Faculté de
Médecine de Paris, rue du Fouarre.

Rapport de MM. les Commissaires de la Faculté de Médecine de Paris.

Nous avons lu avec attention l'Analyse des trois Procès-verbaux faits à l'occasion de l'Opération de la Simphise sur la femme Vespres, & les Réflexions de M. Sigault ; Nous les avons trouvées conformes à la vérité. A Paris, ce 13 Décembre 1778.

GRANDCLAS, DESCEMET.

ANALYSE

ANALYSE

DE

TROIS PROCÈS-VERBAUX,

Concernant l'Opération de la Simphyse faite à Paris par M. SIGAULT, Médecin de la Faculté, &c. sur la Dame Vespres & rédigés, les deux premiers, par MM. Des-Essartz Doyen, Granclas, Descemet, Thouret, Médecins que M. Sigault a invités à cette Opération ; & par MM. Coutuli & Lauverjat, Chirurgiens que la famille y a appellés ; le troisième, par MM. de l'Epine, Des-Essartz Doyen, Descemet, Salin, Goubelli, Alphonse Leroi, Thouret, Médecins ; & MM. Lassus, Dubertran, Peirhile, Coutuli, Desault, Pelletan, l'Héritier, Bodin, Trainel, Lauverjat, Chirurgiens (1) ;

Et Réflexions de M. Sigault sur ces Procès-verbaux & sur cette Opération.

« Le Bassin a paru très-difforme, la partie latérale droite étant plus évasée que la gauche

Premier deuxième Procès - verbaux.

---

(1) M. Levret & plusieurs autres qui avoient été convoqués n'ont pu s'y trouver.

A

» dont la cavité étoit refferrée par la rentrée
» d'une des branches du Pubis. Le Diamêtre
» antérieur a été eftimé n'avoir que deux pouces
» & demi. L'opération pratiquée, l'extraction
» de l'Enfant a été faite par les pieds. La tête
» retenue quelque-tems au détroit fupérieur, a
» éprouvé des difficultés pour fortir. Son grand
» Diamêtre étoit de quatre pouces une ligne ;
» le petit, de trois pouces fept lignes. L'Enfant
» a vêcu plus d'une demi-heure & a été ondoyé.
» La Section a préfenté un pouce & demi d'écar-
» tement fpontané entre les os Pubis. La dame
» Vefpres aiant été méfurée s'eft trouvée n'a-
» voir que trente pouces de hauteur (1). Ses
» membres avoient été déformés par le Rachitis.
» Elle n'a jamais marché qu'avec des béquilles (2).

---

(1) Une petite fille de trois ans, de taille ordinaire, com-
parée à cette femme, avoit un pouce de plus de hauteur.

Son Enfant ayant été mefuré, on a reconnu qu'il avoit
vingt pouces de haut ; fa tête offroit beaucoup de confiftance
& de folidité ; ces circonftances avoient été omifes dans le
Procès-verbal ci-deffus.

(2) Je n'ai vu cette femme, pour la première fois,
qu'au cinquième mois de fa groffeffe, qu'elle même me
fit appeller. Cette note eft pour répondre à l'imputation calom-
nieufe de ceux qui ont méchamment répandu dans le Pu-
biic, qu'ayant été confulté avant fon mariage, j'avois affuré
que je l'accoucherois fans danger pour elle & pour l'enfant

Ouverture du cadavre.

»A la première infpection les bords de la
» plaie étoient écartés l'un de l'autre d'un pouce
» jufte : cette plaie étoit ovale ; fon grand Dia-
» mêtre étoit de deux pouces.

» Dans la profondeur de la plaie , la dif-
» tance des os pubis féparés étoit d'un pouce ; l'os
» Pubis droit étoit plus faillant , & le gauche
» étoit comme retiré en arriere , fuite de l'obli-
» quité caufée par la mauvaife configuration de
» tout le Baffin.

» La plaie inférieuremement étoit livide &
» blafarde. Sa partie fupérieure avoit confervé
» fa couleur naturelle.

» La partie de la veffie qui fe préfentoit
» par l'ouverture fupérieure de la plaie , étoit
» blanche & ridée dans fon milieu fans léfion
» à l'extérieur.

» Avant de faire l'ouverture de l'Abdomen ,
» les parties ont été raprochées au moyen d'une
» fangle portée fur toute la circonférence du
» Baffin , & arrêtée fur l'endroit de la Section
» même.

Troifiè
Procès - v
bal.

---

qui pourroit en naître. Il eft bon d'obferver que cette femme a fait une fommation à l'Eglife & à fa famille, pour
obtenir la permiffion de fe marer, qu'on lui avoit refufée
avec raifon vû fa grande difformité.

» Le cadavre ayant été retourné, la four-
» chette a été vue déchirée : ce déchirement
» étoit prolongé superficiellement jusqu'à trois
» lignes de la marge de l'anus : l'intérieur de
» la fourchette étoit vraiment gangrené de la
» profondeur d'un pouce, le reste étant d'un
» livide brun. La grande lèvre du côté gauche
» étoit d'un rouge vif, tandis que la lèvre droite
» étoit noire en totalité.

» Le bas ventre étant ouvert, le colon a paru
» très-distendu & l'épiploon fort mince, sans
» vestige de graisse ni d'inflammation ; les intes-
» tins grêles, peu distendus ; tous les autres
» visceres dans l'état ordinaire ; la partie posté-
» rieure du péritoine dans l'étendue des trois
» dernieres vertebres lombaires, & suivant la
» descente du rectum, de couleur livide.

» La matrice portoit dans sa partie la plus
» large, quatre pouces trois lignes, ayant face
» antérieure & postérieure, de couleur blan-
» che ; le bord latéral gauche externe de son
» fond, un peu phlogosé ; la face postérieure à
» sa partie latérale droite & ganche, verdâtre ;
» les ovaires, dans l'état naturel ; les ligamens
» larges, les trompes verdâtres, d'un rouge
» brun du côté droit.

» Un foyer de pus, gris-foncé, régnoit dans
» tout le tissu cellulaire voisin de la fosse iliaque

(5)

» gauche (on en suivra ci - après l'étendue.)

» La partie gauche & la moitié supérieure du
» fond de la veffie étoient altérées & verdâ-
» tres, du côté du foyer dont nous venons de
» parler; le col de la veffie, le méat urinaire
» & la veffie elle-même ont été démontrés in-
» tacts par le succès complet de l'insufflation.

» Le corps de la matrice étoit très-fain; la
» membrane interne, molle, se déchirant aifé-
» ment, couverte d'un enduit sanguinolent,
» spécialement à l'endroit de l'adhérence du
» placenta. Dans la partie latérale gauche &
» inférieure, on a observé une destruction évi-
» dente de sa substance, & qui, poursuivie, def-
» cendoit jusqu'au col de la matrice : l'introduc-
» tion du stilet a démontré une communication
» avec le foyer ci-dessus, lequel s'étendoit su-
» périeurement jusqu'au haut du rein.

» Du côté droit de la matrice, le long du
» muscle psoas, une échymose descendoit juf-
» qu'à la fosse iliaque : le vagin étoit gangrené,
» de couleur noire, & plus en putréfaction que
» toute autre partie; de manière cependant que
» la portion antérieure étoit moins affectée que
» la postérieure.

» L'intervale réel de la symphyse au sacrum,
» ou diamêtre antéro-postérieur du détroit supé-
» rieur, le cadavre n'étant point disséqué, étoit

» d'un pouce dix lignes , & les parties molles
» enlevées, d'un pouce, onze lignes & demie.

» Les parties étant à nud, le diamètre tranf-
» verfal avoit quatre pouces quatre lignes. La
» cavité cotyloïde gauche formoit en - dedans
» du baffin une faillie qui ne laiffoit d'intervale
» entre elle & la partie moyenne du facrum ,
» qu'un pouce ; la corde tirée de cette pro-
» tubérance à l'extrémité du diamètre tranf-
» verfe du côté oppofé, n'étoit que de trois pou-
» ces fept lignes.

» La fymphife poftérieure droite étoit recou-
» verte de fon périofte intaĉt , détaché feule-
» ment de la furface de l'os dans une longueur
» d'environ fept lignes : les deux os étoient dé-
» funis dans leur partie antérieure, de la profon-
» deur d'environ une ligne. La fymphife pofté-
» rieure gauche étoit un peu mobile ; le pé-
» riofte entier & point détaché.

» L'angle des pubis à la partie inférieure s'eft
» trouvé avoir quatre - vingt - quatre degrés ; il
» y avoit deux pouces fept lignes de diftance
» entre les deux tubérofités des os ifchium , les
» pubis étant rapprochés.

» La diftance de la fymphife facro-coccygien-
» ne à la fymphife du pubis étoit de trois pouces
» neuf lignes.

. » Enfin , à un pouce & demi d'écartement des

» os pubis , on a eu , depuis la partie antérieure
» & moyenne de la base du sacrum jusqu'au pu-
» bis gauche , un pouce onze lignes. »

RÉFLEXIONS.

Cette nouvelle épreuve de la Section de la
Simphyse sur un sujet aussi disgracié de la Nature dans sa conformation , devient de la plus
grande importance pour les progrès de l'art &
les intérêts de cette Opération nouvelle , par
la nature des résultats qu'elle a présentés.

L'ouverture du cadavre a fait connoître les
véritables dimensions du bassin ; & il est de-
meuré constant que la tête de l'enfant , volu-
mineuse & en même-tems très-peu compressi-
ble , a passé à travers un bassin de moins de deux
pouces de diamètre (1) , & d'ailleurs horrible-
ment déformé , sans avoir occasionné aucun
déchirement (2) aux simphyses postérieures,

____

(1) Le diamètre antérieur du bassin , dans l'état naturel , a
quatre pouces un quart , quatre pouces & demi d'étendue ;
& le diamètre transverse , depuis cinq pouces un quart jusqu'à cinq pouces & demi.

(2) Quelques personnes mal-intentionnées ont néanmoins
osé répandre publiquement que les symphyses postérieures
avoient été déchirées , & que les os du bassin avoient été désar-
ticulés. Cette assertion , dictée par la mauvaise foi , est dé-

A iv

fans préfenter les plus légers indices de contu-
fion fur le crâne , & fans que l'on ait employé ,
pour extraire l'enfant , des efforts aucunement
comparables à ceux qu'exercent très-fréquem-
ment les Accoucheurs, en tirant l'enfant foit
par les pieds , foit au moyen du forceps.

L'enfant a vécu pendant plus d'une demi-
heure , & a été ondoyé.

J'obferve en paffant que les dimenfions du
baffin ont été prifes pendant le cours du travail,
avec beaucoup de précaution, par deux Chirurgiens - Accoucheurs, l'un defquels a inventé un
Pelvimètre : ils décidèrent que le diamètre
antéro - poftérieur avoit deux pouces & demi
(tel étoit celui de la Dame Souchot) ; J'avois
annoncé deux pouces. La femme étoit en travail, dans l'angoiffe de l'attente de l'opération :
nous ne jugeâmes pas à - propos de la fatiguer
par de nouvelles recherches ; nous aimâmes

---

montrée fauffe par le Procès- verbal , dans lequel il eft dit ,
que les fymphyfes étoient intaêtes , & mobiles feulement ,
ainfi qu'on les obferve toujours dans les cadavres des fem-
mes mortes en couches. Tous les Anatomiftes célèbres ne
l'ignorent pas ; & MM. Defcemet & Default, dont les lu-
mières en ce genre font connues, en firent la remarque lors
de l'ouverture du cadavre de la dame Vefpres.

mieux figner ce que nous croyons n'être pas bien exact.

Nous avons annoncé tous également la rentrée de la branche gauche du pubis ; mais chacun de nous s'étant fervi de la main droite, pour reconnoître les dimenfions de l'intérieur du baffin, l'étranglement de la cavité gauche s'eft dérobé, en grande partie, à nos recherches.

Cette circonftance qui a nui, jufqu'à un certain point, au fuccès de l'Opération, doit réveiller l'attention des Accoucheurs fur l'extrême importance de la recherche des moyens propres à apprécier, d'une manière plus exacte, qu'on ne l'a fait jufqu'à préfent, les vices de conformation du baffin. L'infuffifance de l'Art fur cet objet ne peut être révoquée en doute dans un certain nombre de cas. Quelques perfonnes zélées, defirant ajouter à fa perfection, fe font déjà occupées, avec des fuccès bien différens, de la conftruction d'un *Pelvimètre* (1). Il faut efpèrer que ces premiers efforts, encore ftériles, fe perfectionneront par la fuite ; mais il eft plus à defirer que la main feule de l'Accou-

---

(1) Les différens compas de proportion qui ont été imaginés pour fervir de *Pelvimètre*, font très-ingénieux ; celui de M. Trainel, particulièrement, préfente le double avantage de mefurer le grand & le petit diamètre du détroit fupérieur.

cheur puiffe fuffire dans cet examen ; le juge-
ment qu'il portera alors fera néceffairement
plus certain.

Cet événement fournit encore matière à deux
obfervations effentielles. Il n'exifte, fans doute,
aucun exemple d'un fujet plus difforme & plus
petit dans fa ftature. Un accouchement pareil
offre donc une occafion très - rare , & dès - lors
très-précieufe , d'obferver quels font , dans de
femblables fujets, les effets naturels de la groffeffe , foit pour la mère , foit pour l'enfant.

L'ouverture du cadavre a fait connoître à quel
état de gêne & de fouffrance avoient été réduits,
pendant le cours de la groffeffe, tous les organes
du bas - ventre qui fervent à la génération , par
la preffion qu'avoit exercée fur eux & fur les
nerfs qui s'y diftribuent, un enfant volumineux,
incarceré avec effort dans un efpace auffi étroit ;
leur tiffu avoit été affoibli , meurtri ; la vie
étoit confidérablement diminuée , & , pour
ainfi dire , éteinte dans ces parties : delà l'en-
gorgement général obfervé dans la région hypo-
gaftrique , accompagné d'un dépôt confidérable
au côté gauche , & une difpofition prochaine à
la gangrène.

C'eft à cette difpofition morbifique, antérieure à l'accouchement , qu'on doit rapporter le
défordre général qui a été obfervé dans les voies

utérines ; une gangrène auſſi rapide , auſſi étendue dans toutes ces parties , ne peut avoir été la ſuite d'un autre cauſe.

Les vrais Sçavans , les perſonnes impartiales , n'attribueront jamais ces accidens aux efforts qui ont été employés pour extraire l'enfant. Ils n'ignorent pas que ſouvent , dans les accouchemens laborieux & contre nature , on a mis en uſage , ſans nuire à la mère , des manœuvres incomparablement plus longues & plus violentes que celles qui ont été employées pour la femme Veſpres.

Les accouchemens de la Dame Souchot , le quatrième principalement (1) , en ſont des preuves bien frappantes. Dans ce dernier, huit perſonnes fortes & robuſtes employèrent tour-à-tour des bras vigoureux , s'épuisèrent de fatigue , & furent toutes miſes hors d'haleine : la tête de l'enfant fut allongée , enfoncée & diſloquée en paſſant par la filière. Cet enfant perdit la vie dans ces manœuvres terribles , & l'accouchement dura trois quarts-d'heure &

____

(1) On peut en voir le détail dans mon premier Mémoire publié par la Faculté de Médecine de Paris , lors de l'opération que j'ai pratiquée ſur cette Dame au mois d'Octobre 1777.

plus ; cependant il n'en est résulté aucun accident fâcheux pour la mère.

Chez la dame Vespres, la difficulté étoit infiniment moins grande, au moyen de la Section ; j'ai extrait l'enfant vivant ; & l'Accouchement, que j'ai terminé seul, n'a duré que quelques minutes.

De pareils exemples de comparaison ne sont point inconnus aux Accoucheurs ; j'en pourrois rapporter beaucoup d'autres qu'il est inutile de citer ici.

Contenu dans la même cavité & soumis à l'impression des mêmes efforts dont lui seul étoit la cause, l'Enfant de la dame Vespres a dû participer, sur les derniers tems de la grossesse, aux altérations des organes qui le renfermoient.

Dans le cours des manœuvres employées pour l'extraire, je me suis scrupuleusement abstenu d'exercer aucune violence sur le col : les efforts ont tous porté sur l'occiput & la mâchoire inférieure seulement. Je les ai faits avec sang-froid, avec modération, la tête étant bien dirigée, & en y apportant tous les ménagemens nécessaires pour en rendre l'extraction exempte de tout danger.

Cependant l'usage journalier du forceps dans

les Accouchemens laborieux , démontre invin-
ciblement jufqu'à quel point on peut fe per-
mettre d'exercer des efforts fur la tête d'un Enfant ; l'obfervation fuivante en offre furtout un
exemple frappant.

Madame * *, époufe d'un Entrepreneur de
Bâtimens près S. Laurent , étoit en travail depuis deux jours ; la tête de l'enfant, defcendue
dans le petit baffin , bien conformé , préfentoit
un *vice de pofition* qui conftituoit un *faux encla-
vement* ; elle étoit d'ailleurs très - volumineufe.
N'ayant pu venir à bout de rectifier, avec les
mains , *le vice de pofition* , j'ai été obligé d'avoir
recours au forceps ; les efforts qn'il m'a fallu
employer , ont été incroyables, & je défef-
pérois de terminer cet accouchement.

Excédé de fatigue , je me fuis fait fuppléer,
pour reprendre haleine ; mais la perfonne qui
me remplaçoit, quoique forte & vigoureufe ,
perdit auffi courage. Dès-lors je tentai de nou-
veaux efforts, à l'aide defquels je parvins enfin
à extraire un enfant qui fe porte bien. La mère
n'a éprouvé aucun accident pendant fes couches :
elle s'eft levée tous les jours (1).

____

(1) J'ai terminé, il y a peu de jours, cet accouchement, le
plus laborieux que j'aie rencontré pendant feize années de
pratique : la tête de l'enfant avoit quatorze pouces de circonférence.

N'est-ce donc pas à l'état d'affoiblissement &
de souffrance dont les organes de la mère étoient
frappés, & que l'enfant devoit nécessairement
partager au plus haut degré sur les derniers tems
de la grossesse, que l'on doit attribuer les suites
de l'accouchement de la Dame Vespres? Quoi-
qu'on parvienne souvent à ranimer des enfans plus
affoiblis par le travail, & donnant des signes de
vie moins marqués que l'enfant de cette Dame,
on n'a pu, quelques précautions qu'on ait employées, réussir à lui conserver une vie trop
foible, & déjà presque éteinte par les altérations
reçues dans le sein de sa mère.

Tel est ainsi l'idée précise qu'on doit se for-
mer de cet accouchement : une malheureuse
mère aussi énormement difforme porte dans son
sein un enfant des deux tiers de son volume. La
matrice ne peut se développer que par une dis-
tension incroyable des tegumens qui se prolon-
geoient en pointe : elle est nécessairement blessée
par la mauvaise disposition de la partie gauche
du bassin ; la Dame Vespres y ressentoit des
douleurs avant l'acouchement, & c'est-là qu'on
a trouvé le dépôt mortel (1).... L'enfant forte-

____

(1) Cette femme est morte au cinquième jour de ses couches. Je donnerai dans mon Ouvrage le journal de ce qui
s'est passé depuis l'Opération jusqu'à cette époque. Mes Réflexions en recevront un nouveau degré de solidité.

ment ſerré de toutes parts, végétoit à peine dans le ſein de ſa mère. Je penſe qu'on ne peut guères le préſumer autrement; & j'oſe aſſurer que vû ces conſidérations, que je crois être ſages & impartiales, tout autre ſuccès, quelque opération qu'on eût faite, eût été au - deſſus de l'art. Cet événement, au reſte, prouve juſqu'à quel point peuvent s'étendre les avantages de la Section de la Symphiſe, puiſque, par cette opération, j'ai extrait un enfant très - volumineux & vivant d'un baſſin très - étroit & très-vitié.

Qu'il me ſoit permis d'obſerver que, ſi je n'avois conſulté que mon intérêt particulier, je n'aurois point pratiqué la Section de la Symphyſe ſur un ſujet auſſi monſtrueuſement conformé, & dans des circonſtances ſi critiques; mais je n'ai eu en vue que le bien de l'humanité.

La Médecine a cet inconvénient, qu'une nouvelle découverte dans cette ſcience, en donnant de la célébrité à ſon Auteur, multiplie ſous ſes pas les occaſions les plus délicates, & les plus difficiles. Depuis un an que j'ai fait uſage de ma découverte pour l'accouchement de la dame Souchot, j'en ai terminé avec ſuccès un grand nombre de très-laborieux & contre nature.

F I N.

www.ingramcontent.com/pod-product-compliance
Lightning Source LLC
LaVergne TN
LVHW011037050726
842519LV00004B/1413